Los sonidos que nos rodean

¿Qué es el sonido?

Charlotte Guillain

Heinemann Library
Chicago, Illinois

H

www.heinemannraintree.com
Visit our website to find out more information about Heinemann-Raintree books.

To order:
☎ Phone 888-454-2279
💻 Visit www.heinemannraintree.com to browse our catalog and order online.

Edited by Rebecca Rissman, Charlotte Guillain, and Catherine Veitch
Designed by Joanna Hinton-Malivoire
Photo research by Tracy Cummins and Tracey Engel
Translated into Spanish by DoubleO Publishing Services
Printed and bound in China by Leo Paper Group

13 12 11 10
10 9 8 7 6 5 4 3 2 1

Library of Congress Cataloging-in-Publication Data
Guillain, Charlotte.
 [What is sound? Spanish]
 ¿Qué es el sonido? / Charlotte Guillain.
   p. cm. -- (Los sonidos que nos rodean)
 Includes index.
 ISBN 978-1-4329-4262-5 (hb) -- ISBN 978-1-4329-4267-0 (pb)
 1. Sounds--Juvenile literature. 2. Sound-waves--Juvenile literature. 3. Hearing--Juvenile literature. I. Title.
 QC225.5.G8518 2011
 534--dc22

2010002878

Acknowledgments
The author and publishers are grateful to the following for permission to reproduce copyright material: age footstock pp. 7 (©Juan Biosca), 11 (©Javier Larrea), 14 (©Demetrio Carrasco/Agency Jon Arnold Images), 23b (©Demetrio Carrasco/Agency Jon Arnold Images); Alamy pp. **4 top left** (©UpperCut Images), 8 (©David Sanger), 9 (©I4images-music-1), 12 (©stock shots by itani), 13 (©stock shots by itani), 16 (©Redferns Music Picture Library), 21 (©David Wall), 23a (©David Wall), 23c (©stock shots by itani); Getty Images pp. 6 (©Brett Froomer), 17 (©STOCK4B), 18 (©Gen Nishino), 19 (©Nordic Photos/Lena Johansson); iStockPhoto pp. **4 bottom right** (©Peeter Viisimaa), **4 top right** (©Frank Leung); Photolibrary pp. 5 (©Juniors Bildarchiv), 10 (©Image Source), 15 (©Banana Stock), 20 (©AFLO Royalty Free); Shutterstock **p 4 bottom left** (©devi).

Cover photograph of a road worker digging up tarmac reproduced with permission of Alamy (©Tim Cuff). Back cover photograph of a referee blowing a whistle reproduced with permission of Getty Images (©Stock 4B).

The publishers would like to thank Nancy Harris and Adriana Scalise for their assistance in the preparation of this book.

Every effort has been made to contact copyright holders of any material reproduced in this book. Any omissions will be rectified in subsequent printings if notice is given to the publisher.

Contenido

Sonidos

Hay muchos tipos diferentes de sonidos.

Todos los días oímos sonidos diferentes a nuestro alrededor.

¿Qué es el sonido?

Oímos un sonido cuando tocamos
una guitarra.

Cuando tocamos una guitarra, hacemos vibrar las cuerdas.

Oímos un sonido cuando tocamos
un tambor.

Cuando tocamos un tambor, lo hacemos vibrar.

Producimos un sonido cuando
agitamos algo.

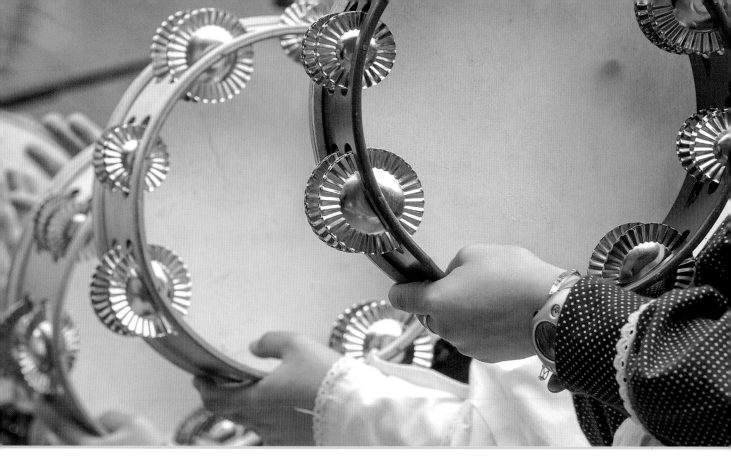

Producimos un sonido cuando agitamos
algo o lo hacemos vibrar.

Ondas sonoras

Cuando algo vibra, hace que el aire vibre.

onda sonora

La vibración del aire se llama onda sonora.

onda sonora

Las ondas sonoras viajan a través del aire y llegan hasta nuestros oídos.

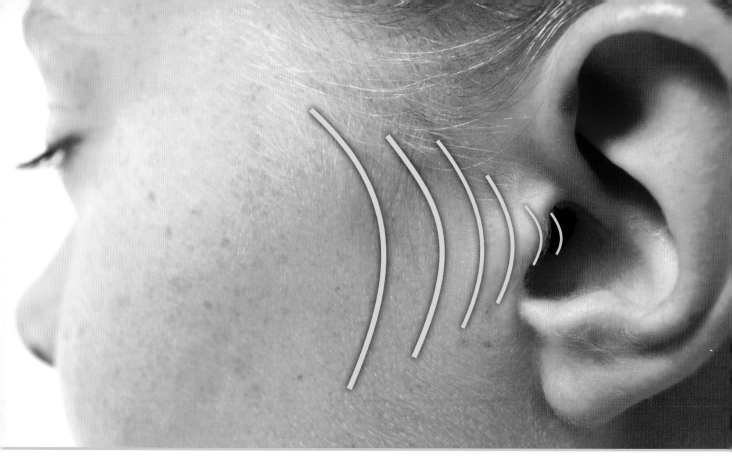

Las ondas sonoras viajan a través del aire
y llegan hasta nuestros oídos rápidamente.

Nuestros oídos oyen el sonido.

Nuestros oídos oyen el sonido rápidamente.

Las ondas sonoras pueden atravesar
los objetos.

Las ondas sonoras pueden atravesar
las ventanas.

Ecos

Las ondas sonoras pueden repetirse,
o hacer eco, en los edificios.

Las ondas sonoras pueden repetirse,

o hacer eco, en las cuevas.

¿Qué aprendiste?

- Cuando algo vibra produce un sonido.

- La vibración del aire se llama onda sonora.

- Oímos un eco cuando las ondas sonoras rebotan hacia nosotros.

Glosario ilustrado

eco cuando un sonido regresa a ti y vuelves a oírlo

onda sonora cuando el aire tiembla muy rápido

vibrar temblar muy rápido

Índice

Nota a padres y maestros
Antes de leer
Explique a los niños que cuando algo vibra, produce un sonido. Sostenga en alto un triángulo musical y hágalo sonar. Pida a los niños que miren cómo vibra el triángulo cuando lo golpean. Explique que cuando el triángulo vibra hace vibrar el aire, y así se produce una onda sonora. Explíqueles que oímos un eco cuando las ondas sonoras rebotan y vuelven hacia nosotros. Explique que un eco es cuando volvemos a oír el mismo sonido.

Después de leer
Haga rebotar el sonido con este divertido experimento. Necesitará un plato, varios libros, un reloj que haga tictac, un tubo largo de cartón y dos niños. Haga dos pilas de libros de la misma altura y coloque el tubo sobre las pilas. Pida al niño A que sostenga el reloj junto a su oreja. Indíquele que escuche atentamente el tictac del reloj. Después, pida al niño B que sostenga el reloj en el otro extremo del tubo. Pida al niño A que escuche a través del tubo. ¿Puede oír el reloj? A continuación, pida al niño B que sostenga un plato en el otro extremo del tubo, detrás del reloj. ¿Puede el niño A oír ahora el reloj? Comente lo sucedido con los niños. Explíqueles que cuando se coloca un plato en un extremo del tubo, hace que el sonido rebote hacia atrás y hacia adelante y se produzca un eco.